Published 2017

1
2
3
4
5
6
7
8
9
10
11
12
13
14
15
16
17
18
19
20

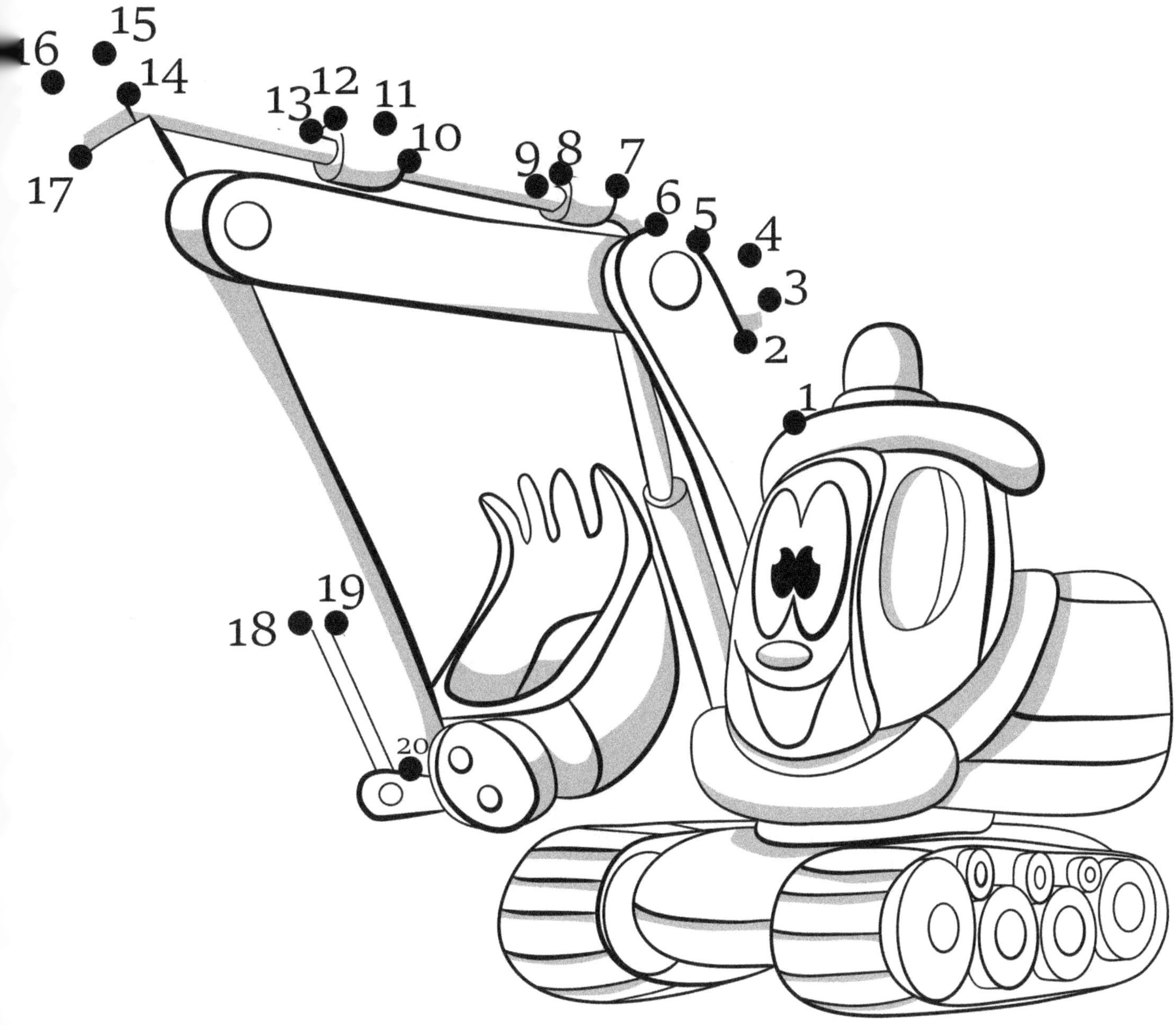
1
2
3
4
5
6
7
8
9
10
11
12
13
14
15
16
17
18
19
20

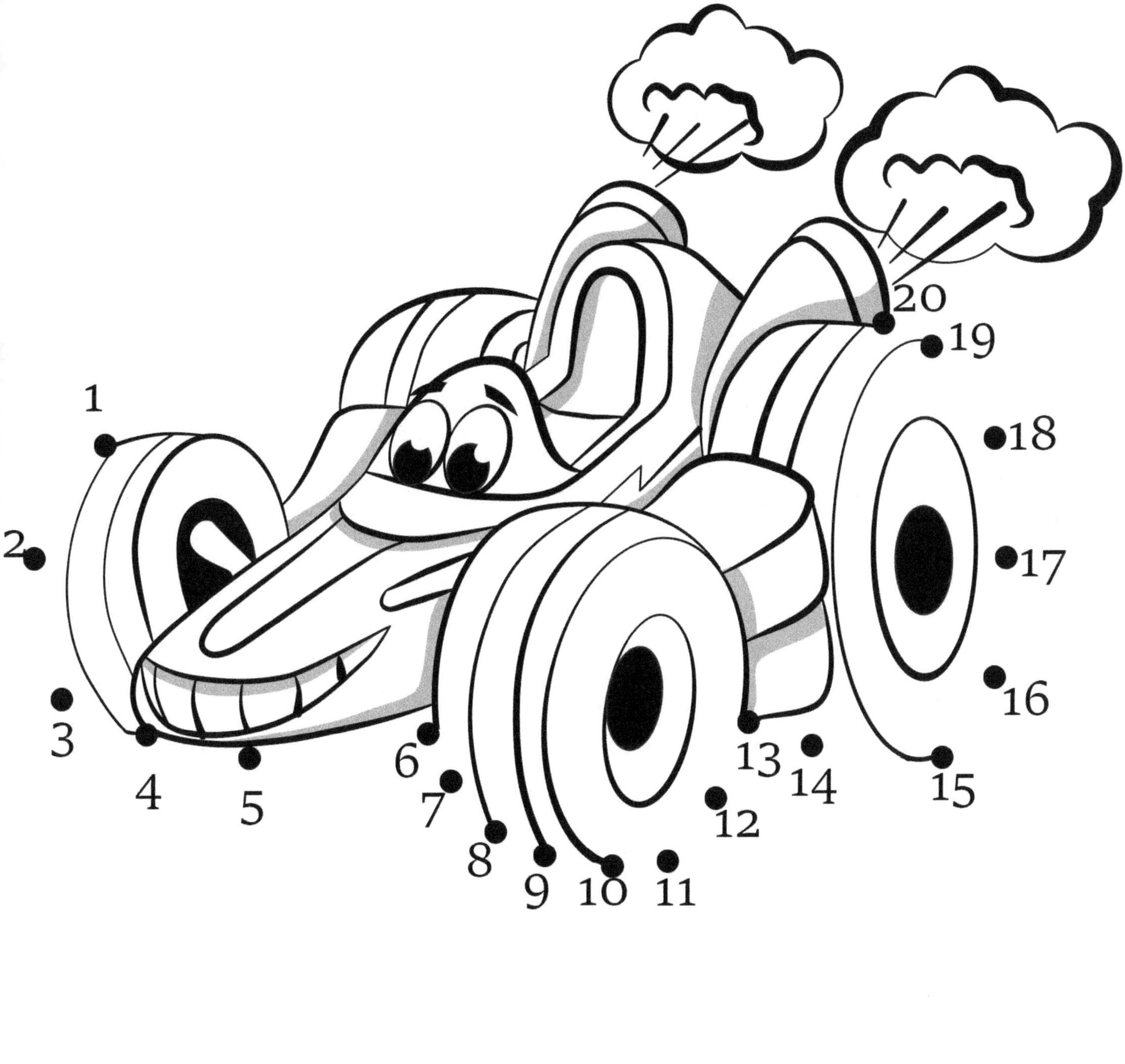
1
2
3
4
5
6
7
8
9
10
11
12
13
14
15
16
17
18
19
20

1
2
3
4
5
6
7
8
9
10
11
12
13
14
15
16
17
18
19
20

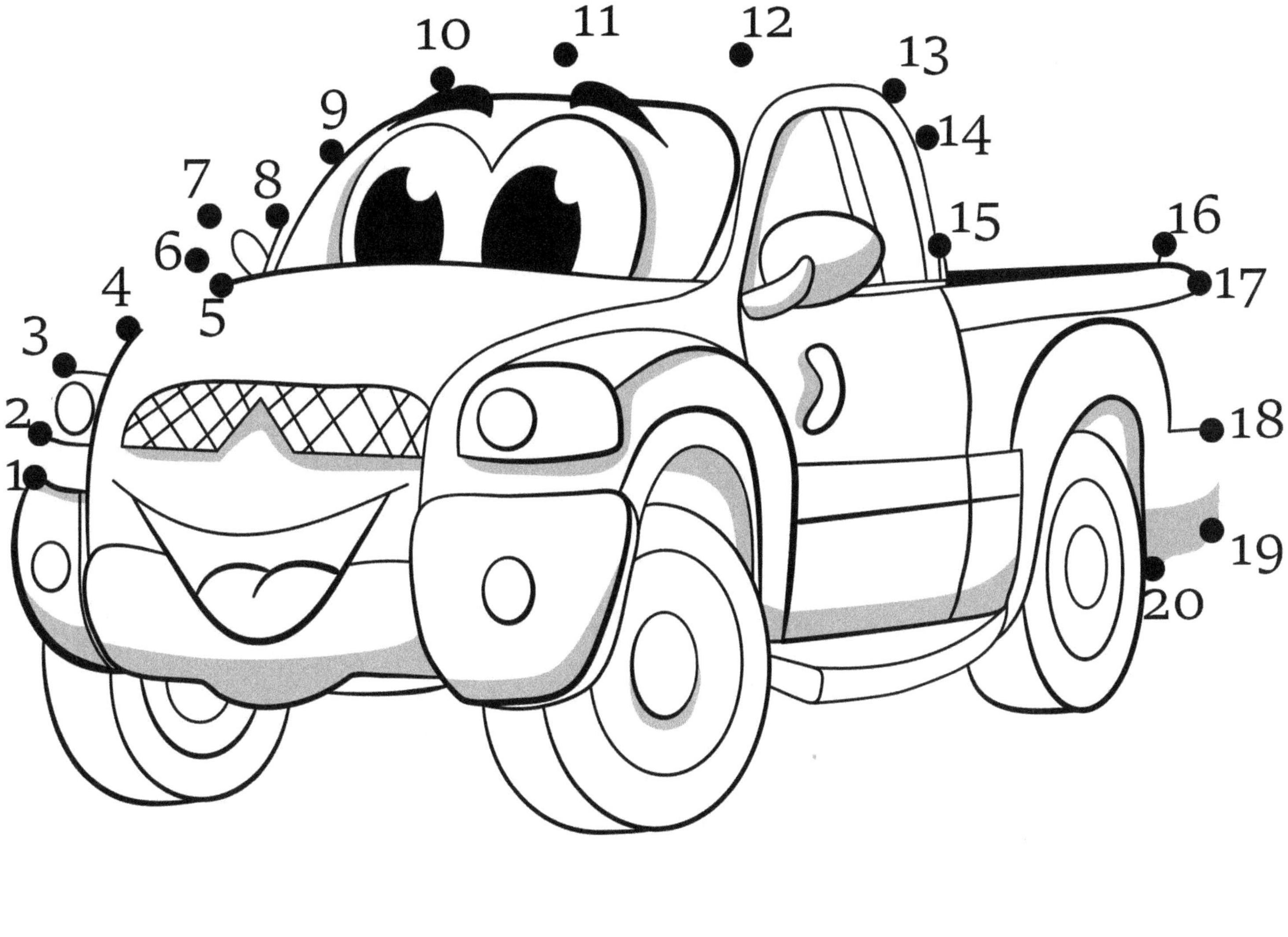

1
2
3
4
5
6
7
8
9
10
11
12
13
14
15
16
17
18
19
20

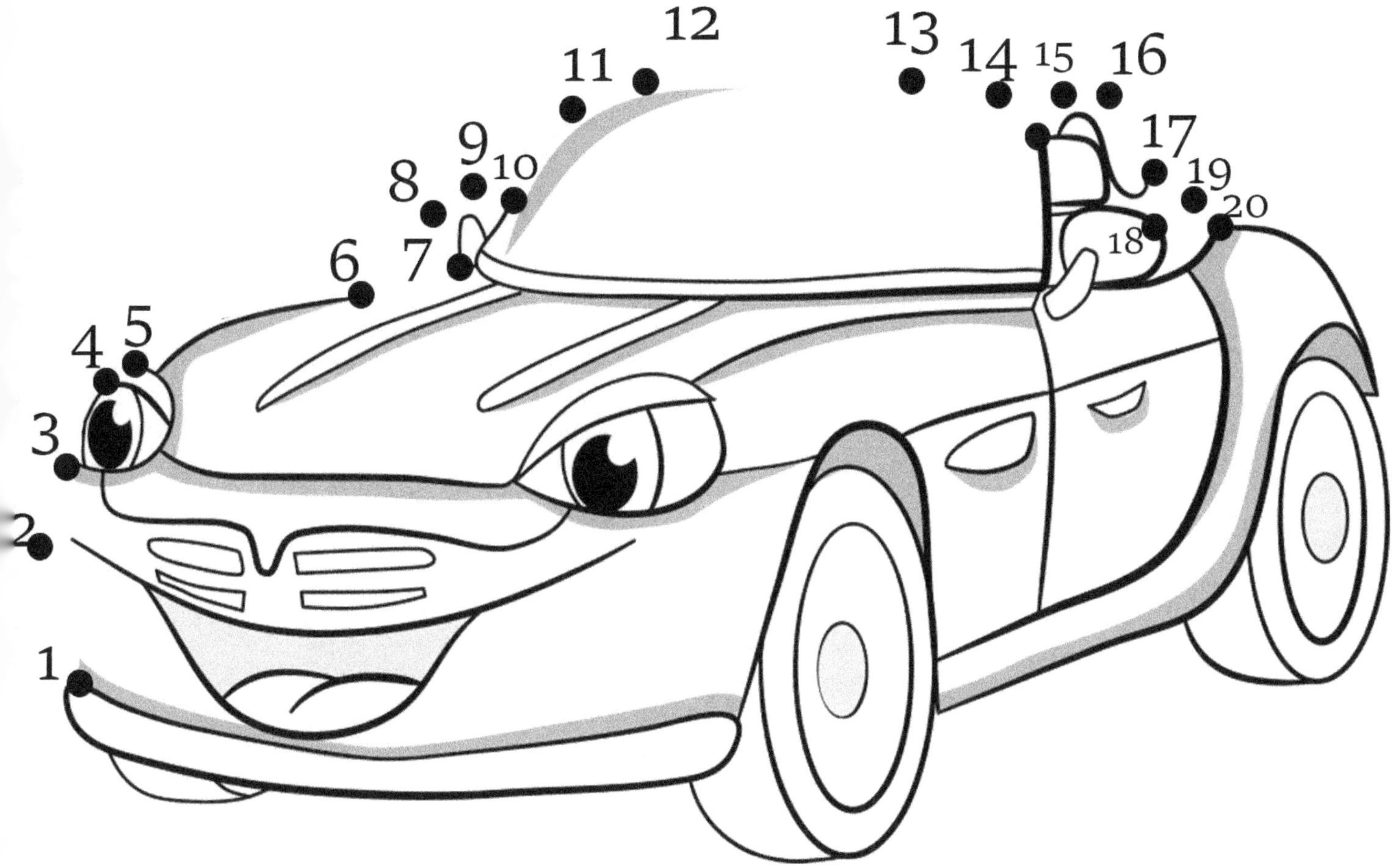
1
2
3
4
5
6
7
8
9
10
11
12
13
14
15
16
17
18
19
20

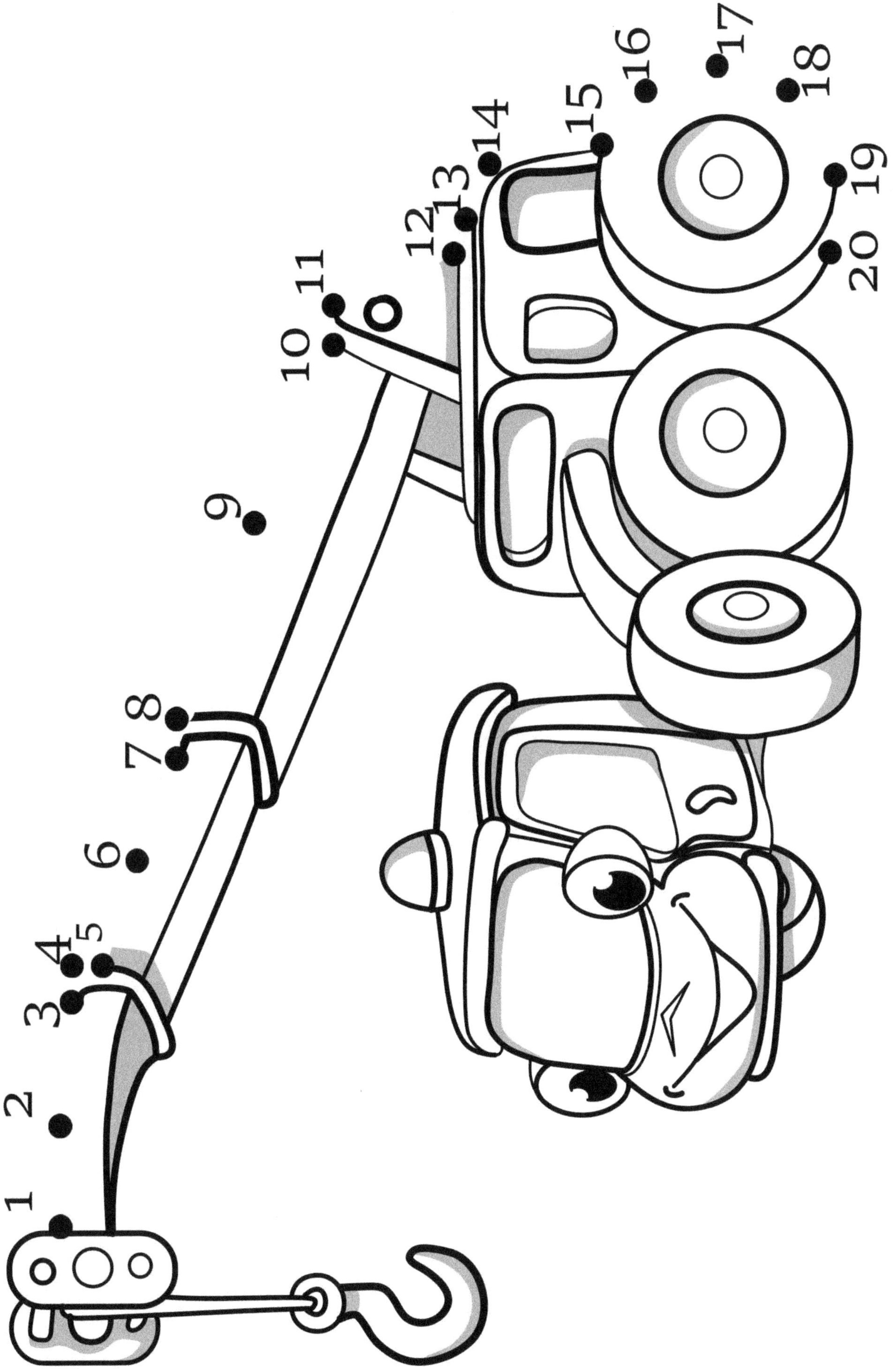

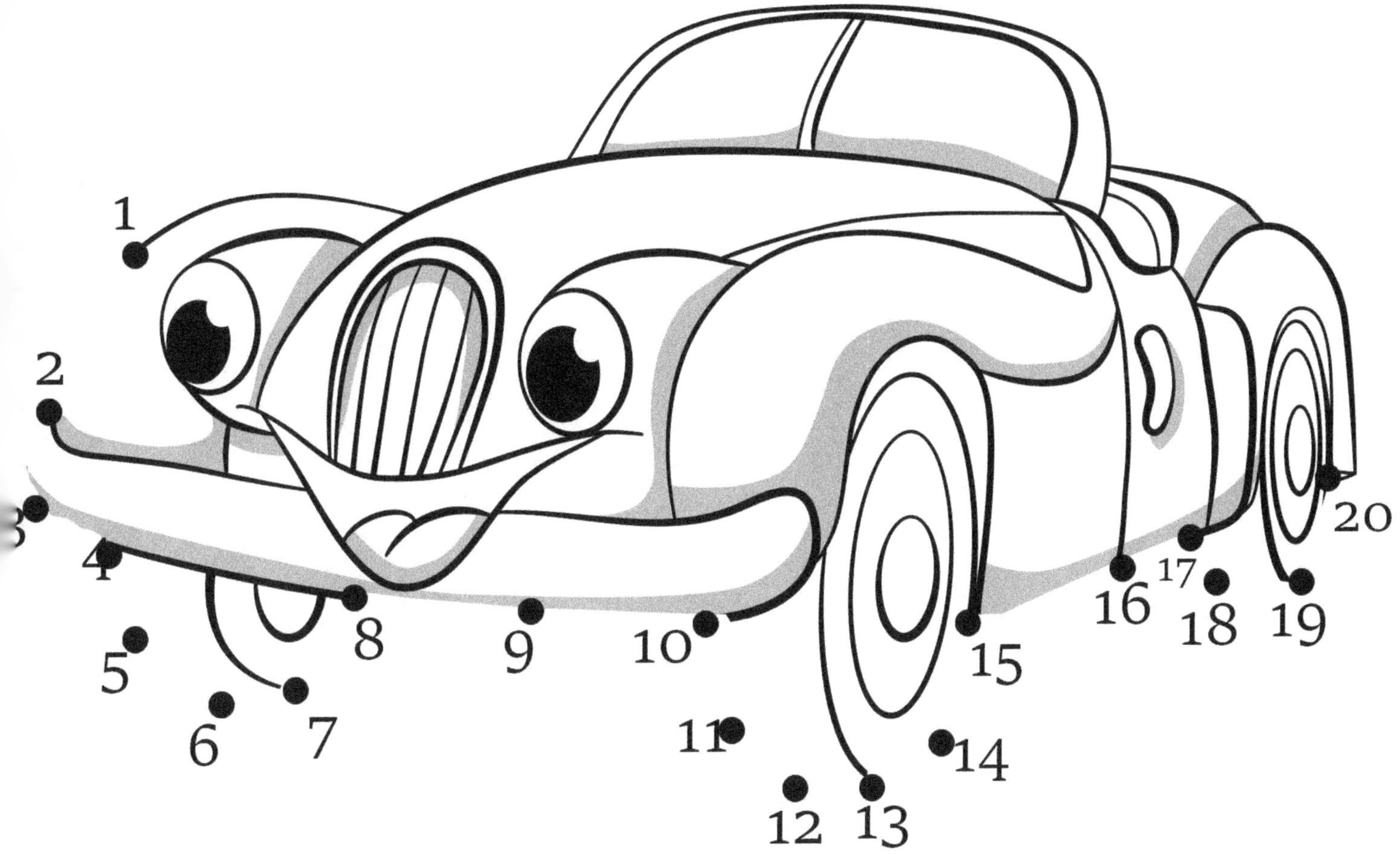
1
2
3
4
5
6
7
8
9
10
11
12
13
14
15
16
17
18
19
20

1
2
3
4
5
6
7
8
9
10
11
12
13
14
15
16
17
18
19
20

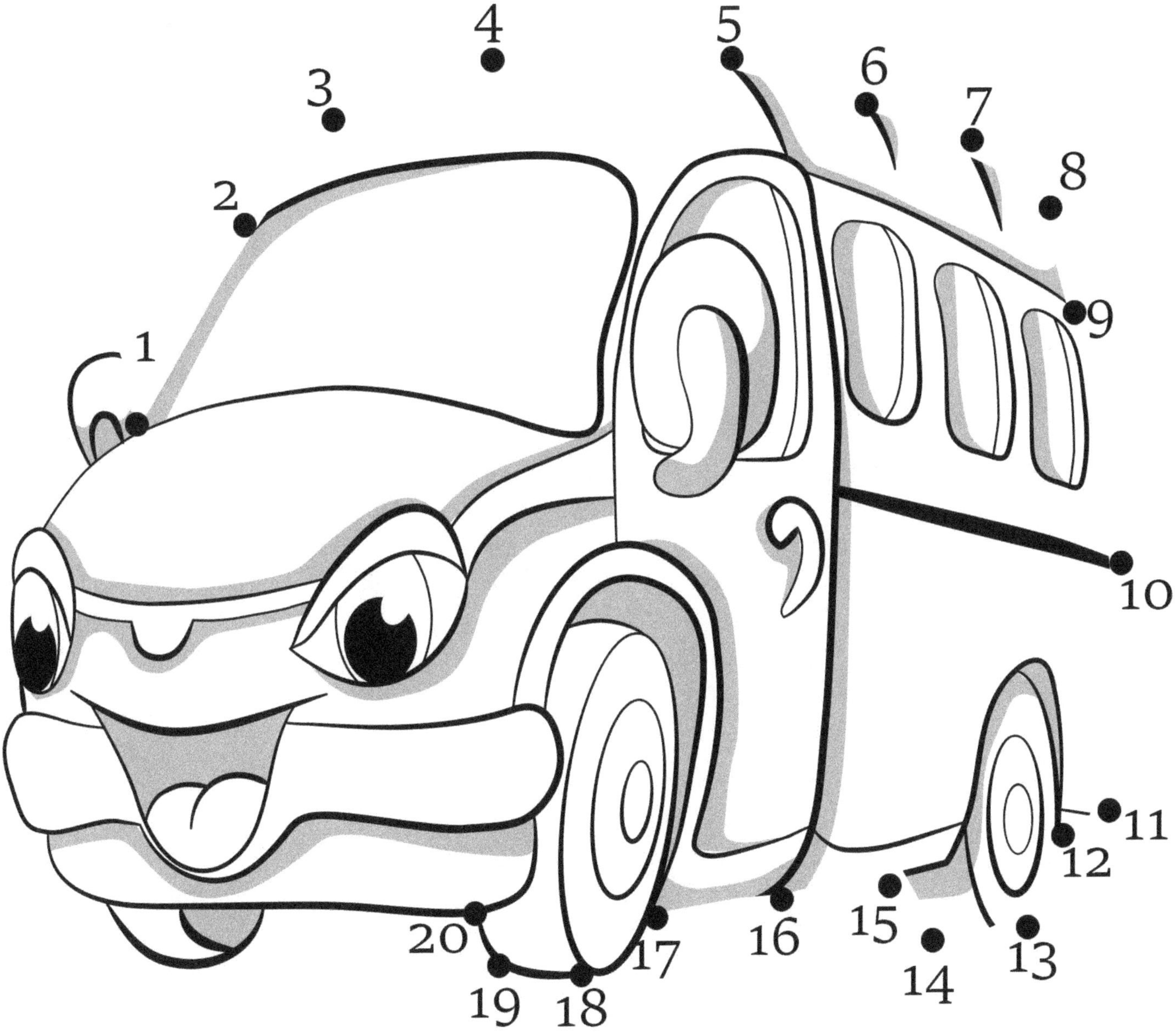
1
2
3
4
5
6
7
8
9
10
11
12
13
14
15
16
17
18
19
20

1
2
3
4
5
6
7
8
9
10
11
12
13
14
15
16
17
18
19
20

1
2
3
4
5
6
7
8
9
10
11
12
13
14
15
16
17
18
19
20

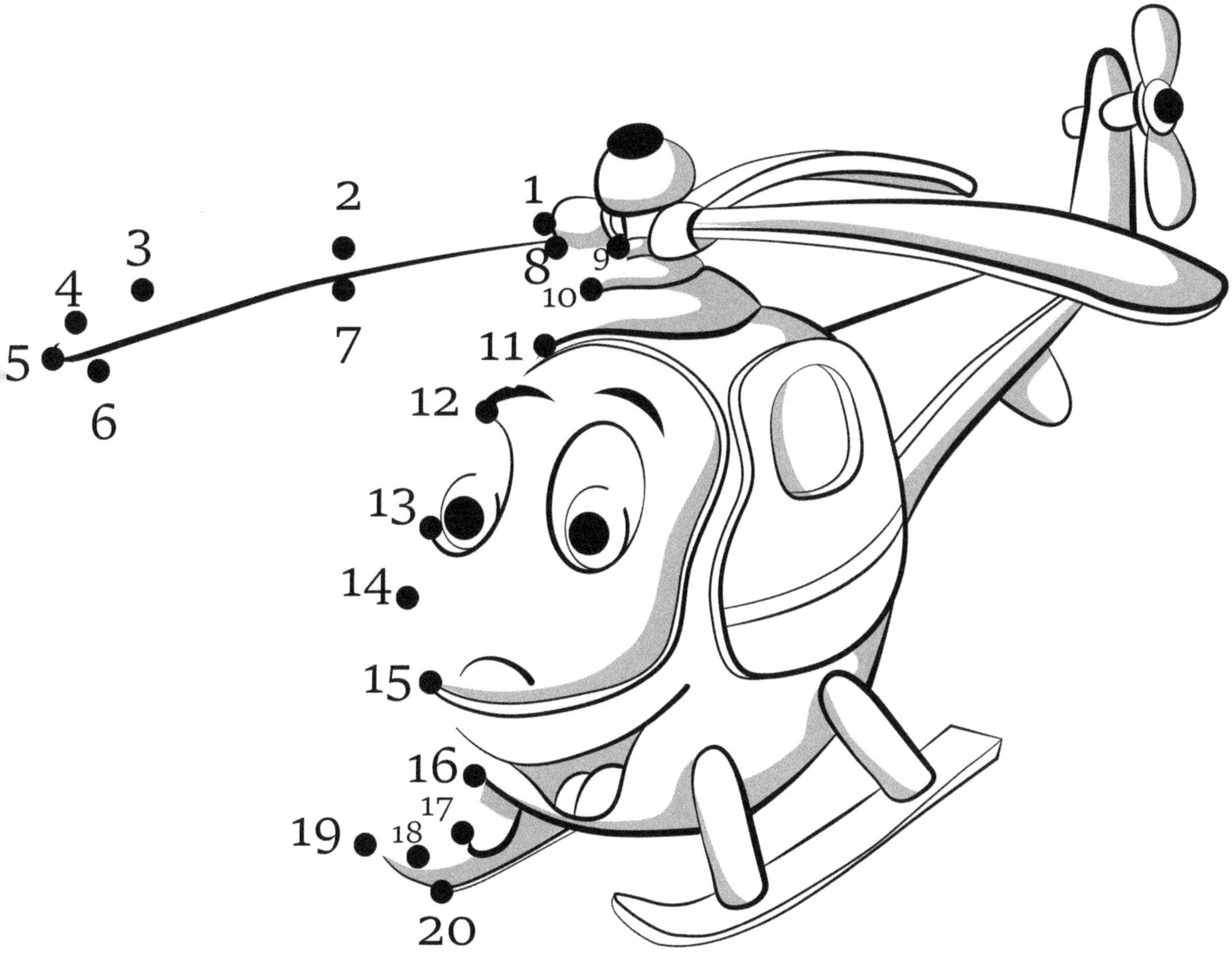
1
2
3
4
5
6
7
8
9
10
11
12
13
14
15
16
17
18
19
20

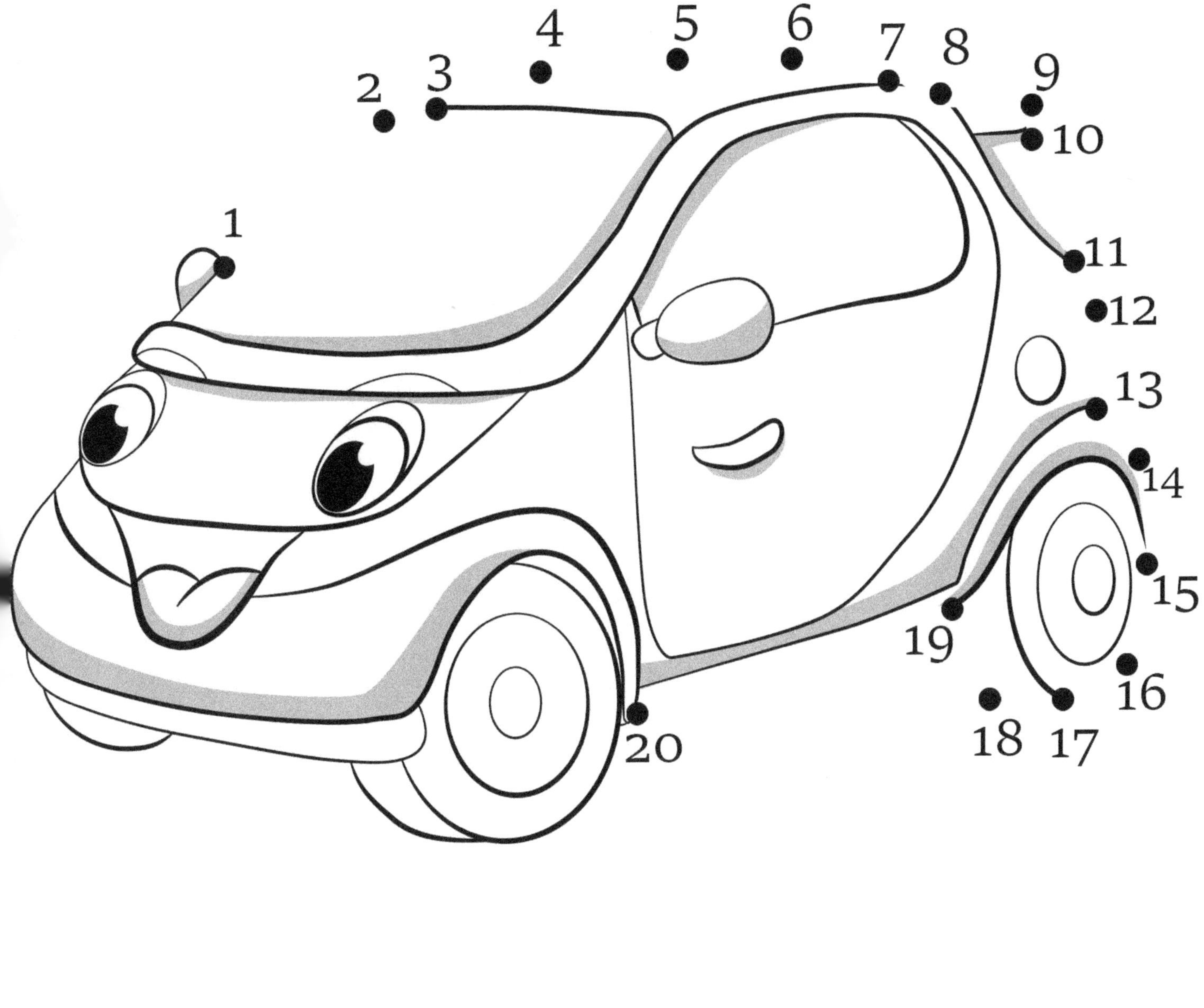
1
2
3
4
5
6
7
8
9
10
11
12
13
14
15
16
17
18
19
20

1
2
3
4
5
6
7
8
9
10
11
12
13
14
15
16
17
18
19
20

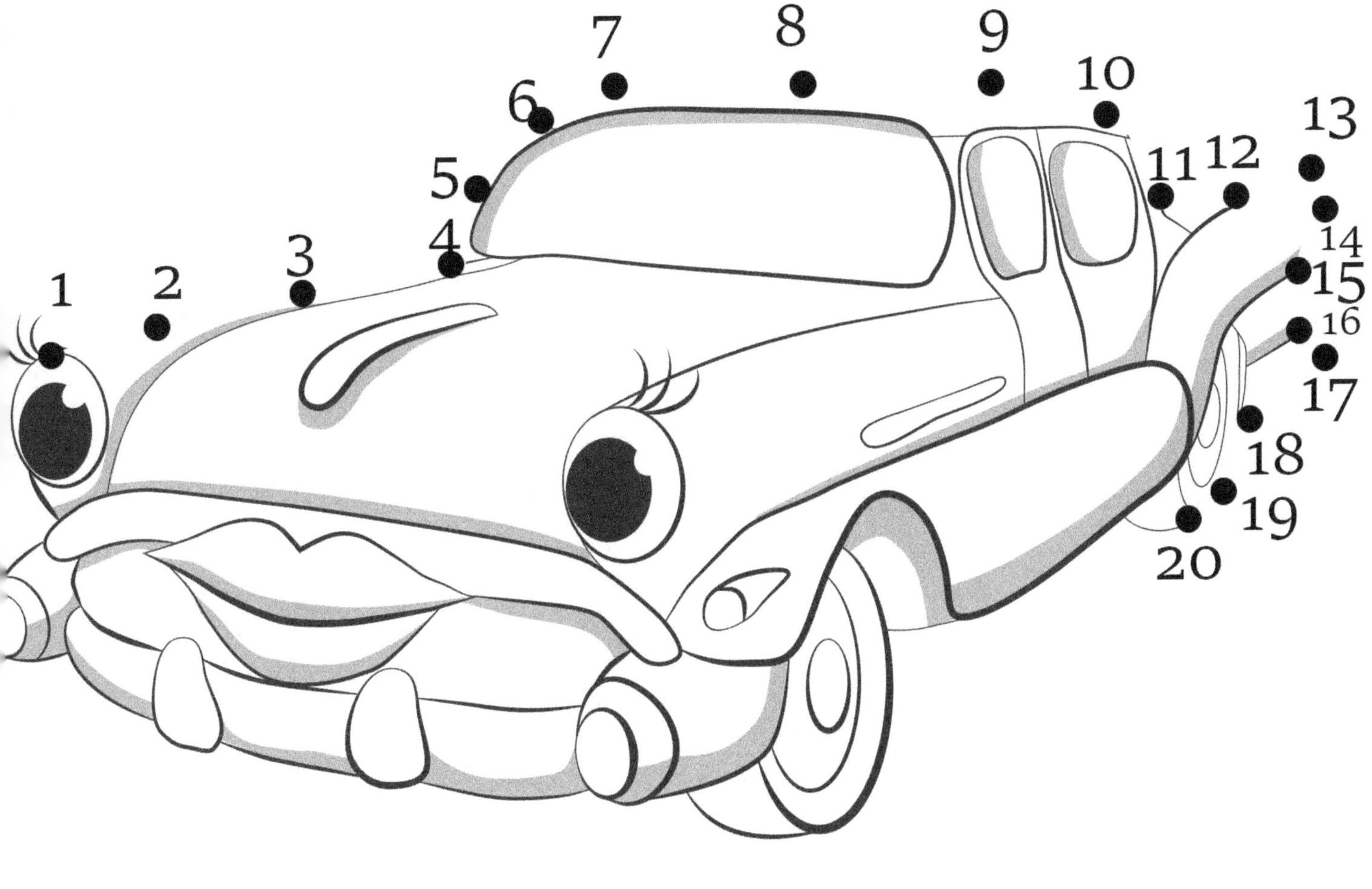
1
2
3
4
5
6
7
8
9
10
11
12
13
14
15
16
17
18
19
20

1
2
3
4
5
6
7
8
9
10
11
12
13
14
15
16
17
18
19
20

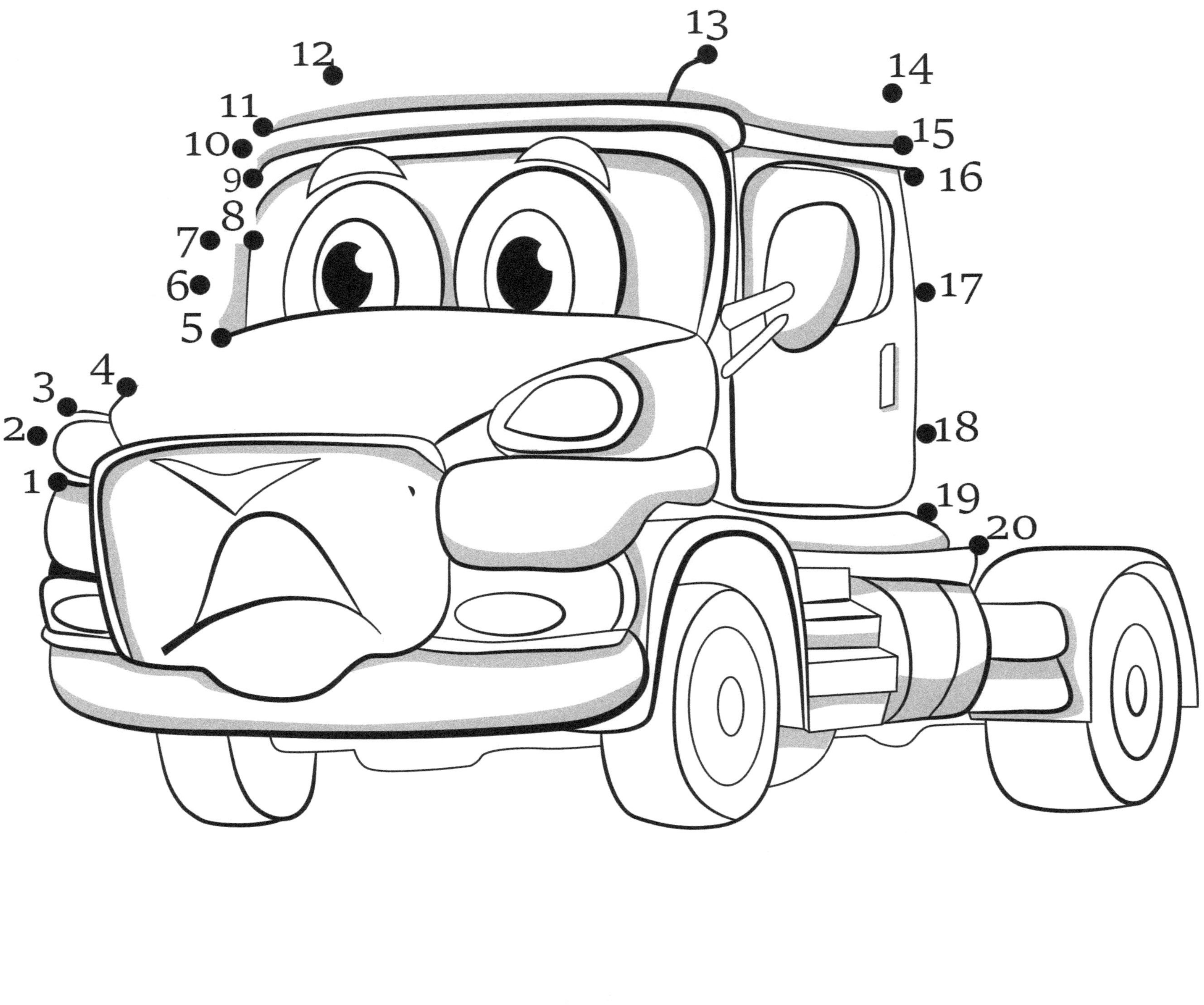
1
2
3
4
5
6
7
8
9
10
11
12
13
14
15
16
17
18
19
20

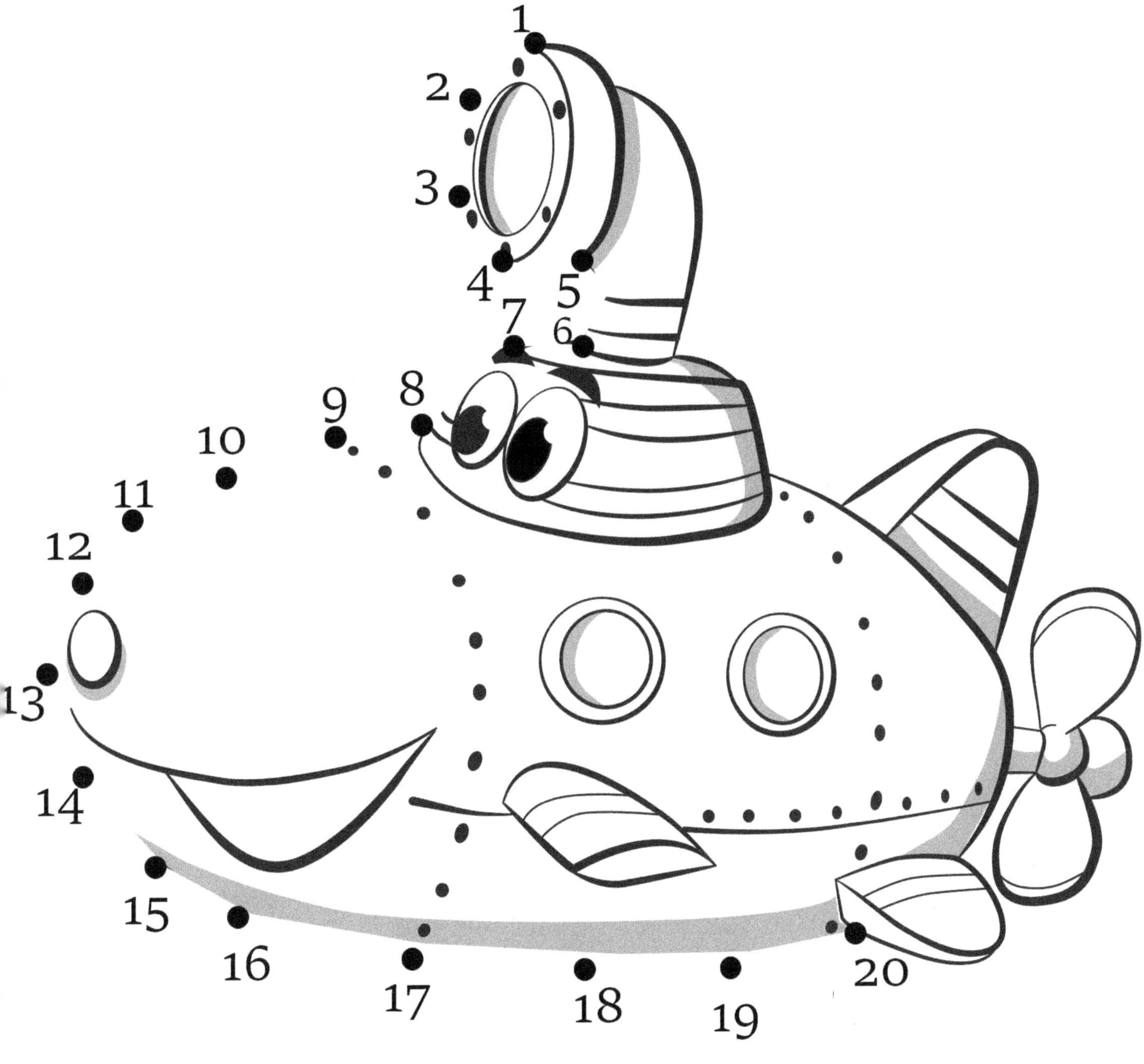
1
2
3
4
5
6
7
8
9
10
11
12
13
14
15
16
17
18
19
20

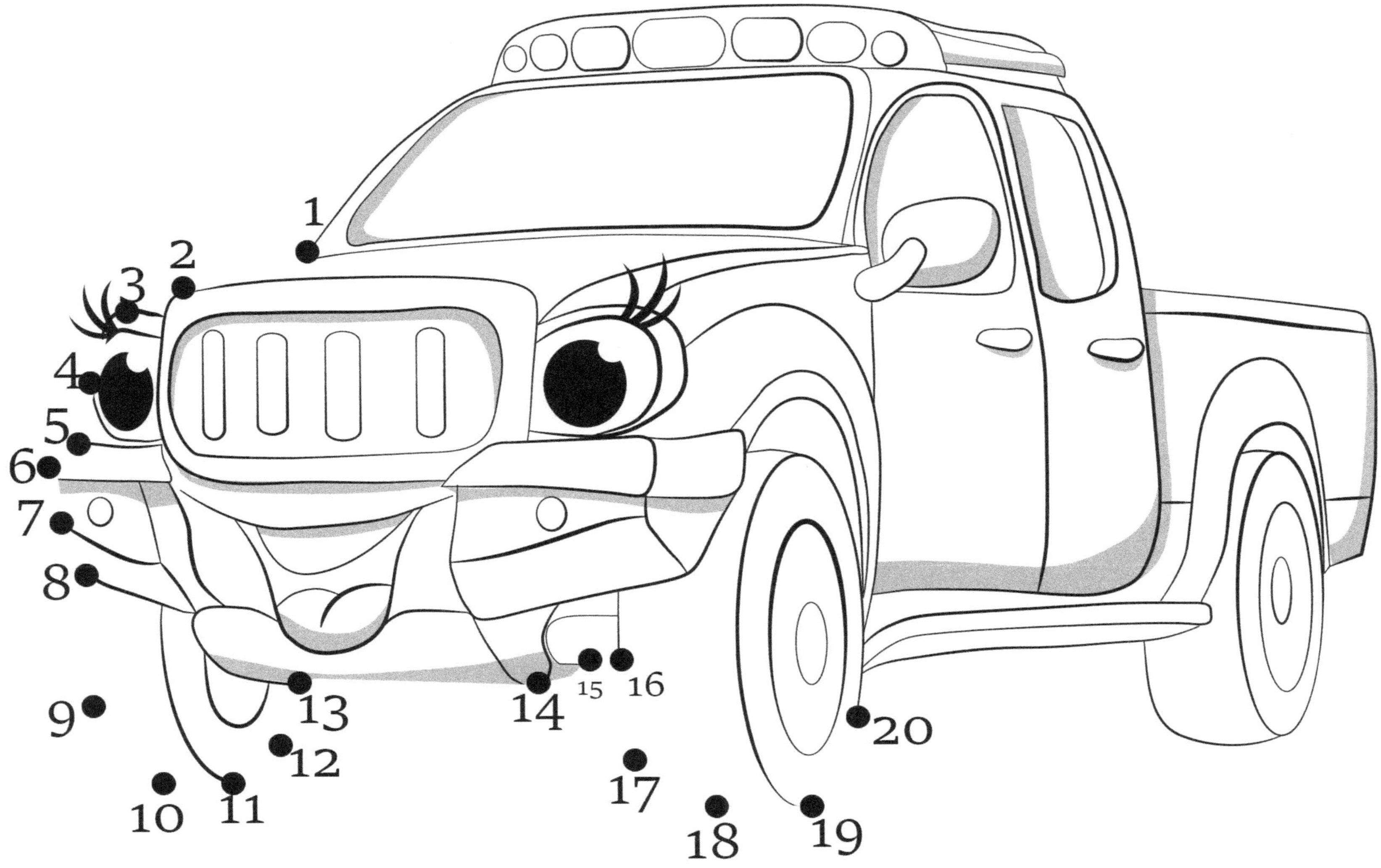
1
2
3
4
5
6
7
8
9
10
11
12
13
14
15
16
17
18
19
20

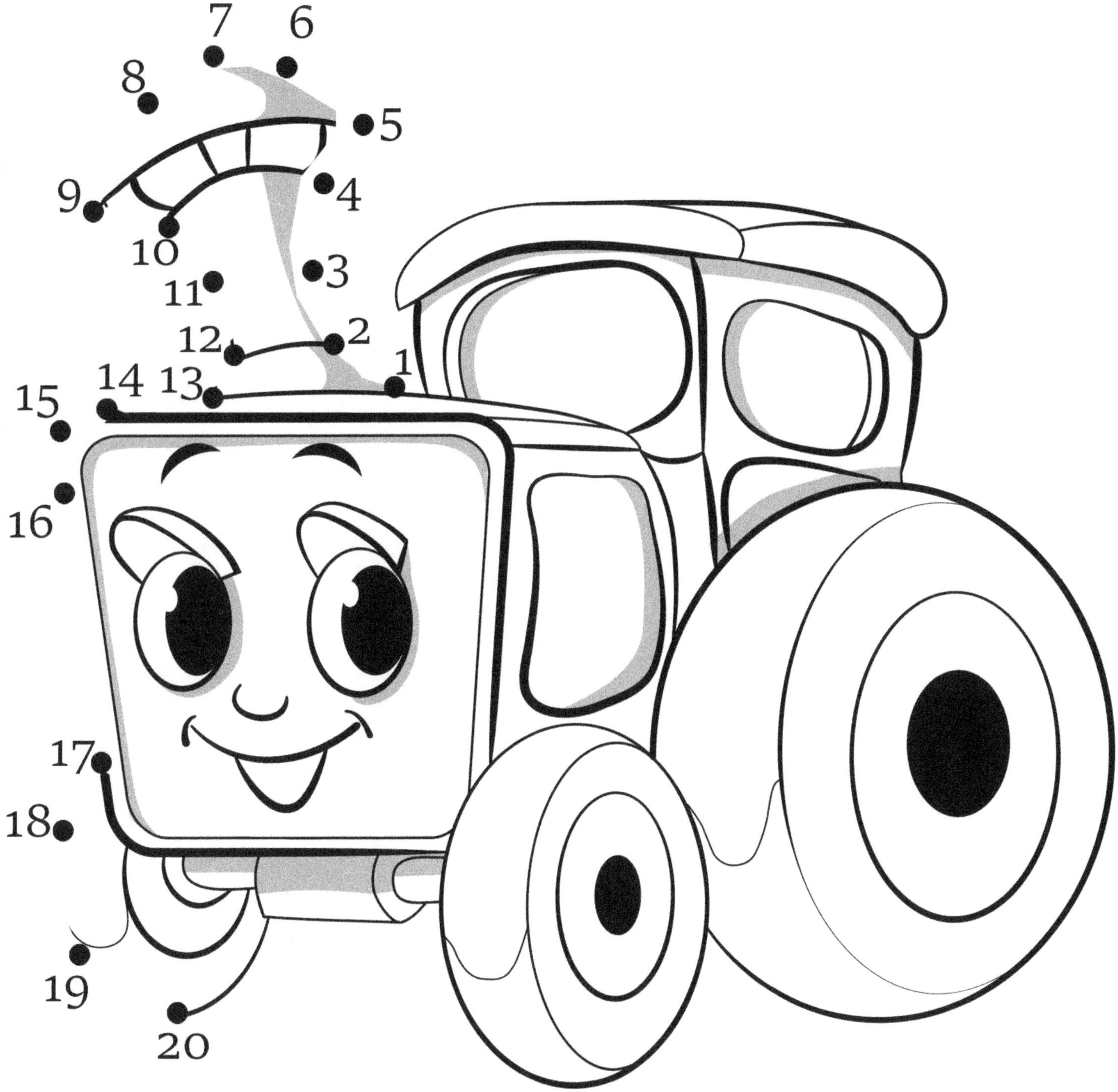
1
2
3
4
5
6
7
8
9
10
11
12
13
14
15
16
17
18
19
20

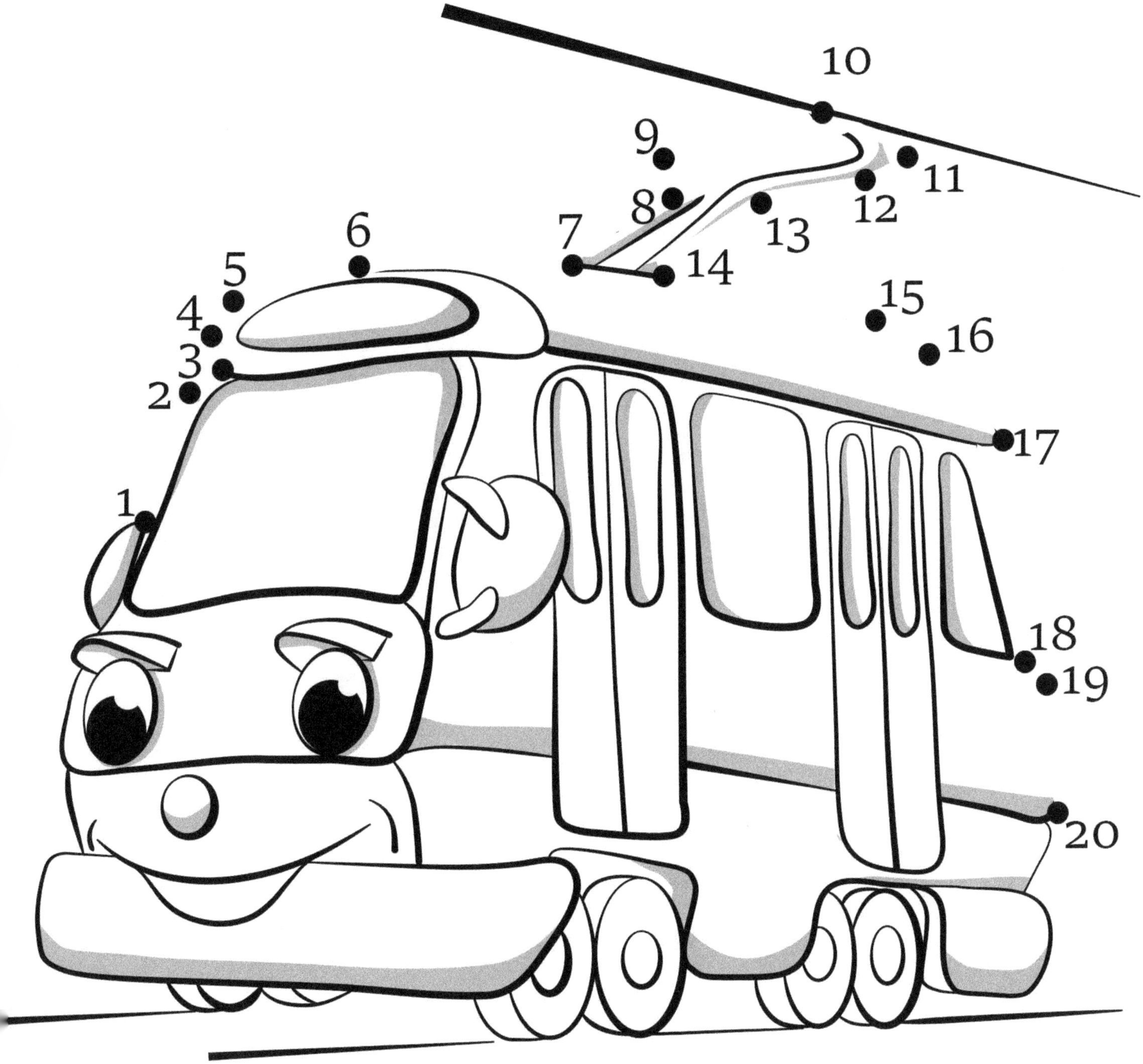
1
2
3
4
5
6
7
8
9
10
11
12
13
14
15
16
17
18
19
20

1
2
3
4
5
6
7
8
9
10
11
12
13
14
15
16
17
18
19
20

free download coloring pages

At : bit.ly/get_sample_free

CPSIA information can be obtained
at www.ICGtesting.com
Printed in the USA
BVHW01s0546290518
517615BV00011B/78/P